yukismart.com/b/670006

1
2

1

uno
หนึ่ง
nueng

piña
สับปะรด
sapparot

guitarra
กีตาร์
kita

2

dinosaurios
ไดโนเสาร์
dainosao

gemelos
ฝาแฝด
fafaet

3

tres

สาม

sam

estrellas de mar

ปลาดาว

pladao

melocotones

พีช

phicha

4

cuatro

สี

si

cerezas

เชอร์รี

choeri

robots

หุ่นยนต์

hunyon

5

cinco

ห้า

ha

dedos

นิ้ว

nio

lápices

ดินสอ

dinso

6

seis

หก

hok

golosinas

ลูกอม

luk-om

corazones

หัวใจ

huachai

siete
เจ็ด
chet

conchas marinas
เปลือกหอย
plueakhoi

bloques
บล็อก
blok

8

ocho

แปด

paet

hormigas

มด

mot

flores

ดอกไม้

dokmai

9

nueve

เก้า

kao

peces

ปลา

pla

botones

กระดุม

kradum

10

diez
สิบ
sip

velas
เทียน
thian

huevos
ไข่
khai

par

เลขคู่

lekkhu

impar

เลขคี่

lekkhi

entero

ทั้งหมด

thangmot

mitad

ครึ่ง

khrueng

rojo

แดง

daeng

paraguas

ร่ม

rom

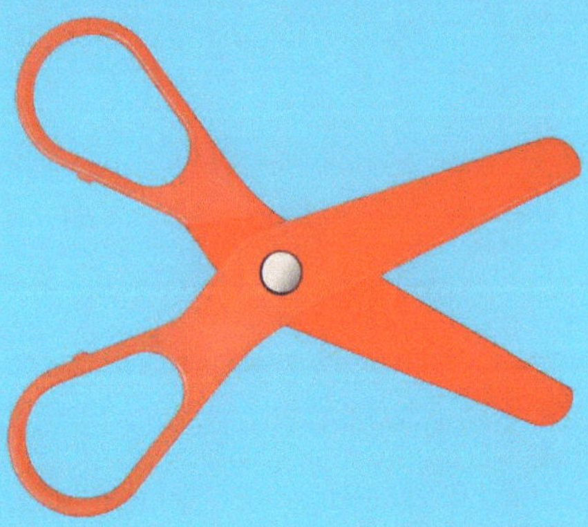

tijeras

กรรไกร

kankrai

amarillo

เหลือง

lueang

plátano

กล้วย

kluai

queso

ชีส

chit

verde
เขียว
khiao

verduras
ผัก
phak

botella
ขวด
khuat

gris

เทา

thao

alfombra

พรม

phrom

pluma

ขนนก

khon nok

naranja

ส้ม

som

calabaza

ฟักทอง

fakthong

zumo de naranja

น้ำส้ม

namsom

blanco

ขาว

khao

taza

ถ้วย

thuai

sobre

ซองจดหมาย

songchotmai

negro
ดำ
dam

gafas
แว่นตา
waenta

camisa
เสื้อเชิ้ต
sueachoet

marrón

น้ำตาล

namtan

violín

ไวโอลิน

wai-olin

pastel

เค้ก

khek

azul

ฟ้า

fa

bañador

กางเกงว่ายน้ำ

kangkeng wainam

gafas de natación

แว่นตาว่ายน้ำ

waenta wainam

rosa

ชมพู

chomphu

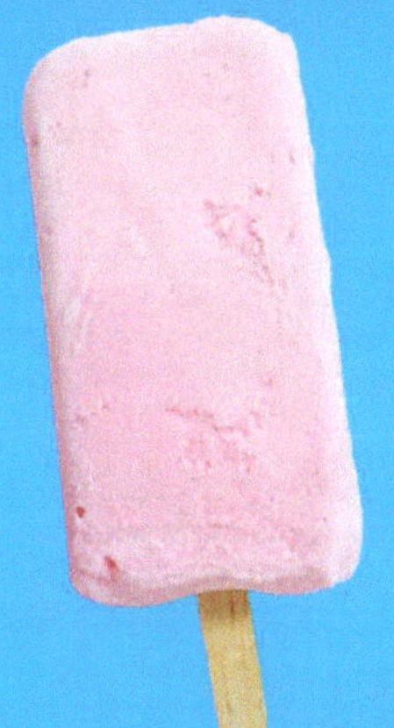

helado

ไอศกรีม

aisakrim

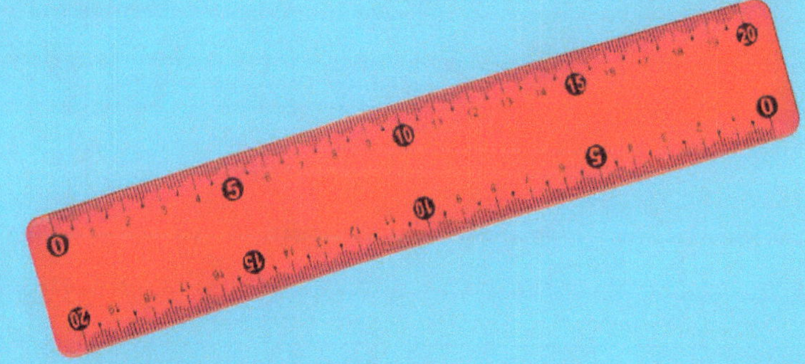

regla

ไม้บรรทัด

maibanthat

morado

ม่วง

muang

dados

ลูกเต๋า

luktao

abanico

พัด

phat

colores claros

สีอ่อน

si-on

colores oscuros

สีเข้ม

si khem

círculo
วงกลม

wongklom

cuadrado
สีเหลียมจัตุรัส

siliamchatturat

estrella
ดาว

dao

corazón
หัวใจ

huachai

creciente
เสี้ยว

siao

triángulo
สามเหลี่ยม

samliam

rectángulo
สี่เหลี่ยมผืนผ้า

siliamphuenpha

óvalo
วงรี

wongri

gota
หยดน้ำ

yotnam

cruz
กากบาท

kakabat

cubo
ลูกบาศก์

lukbat

esfera
ทรงกลม

songklom

anillo
วงแหวน
wongwaen

trébol
ใบไม้สามแฉก
baimai sam chaek

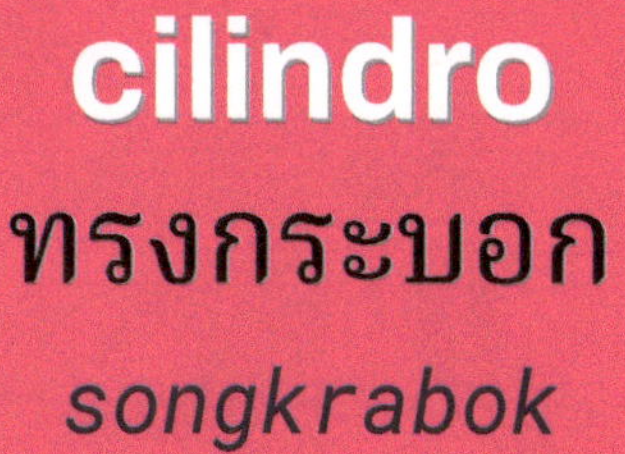

cilindro
ทรงกระบอก
songkrabok

cono
กรวย
kruai

línea
เส้น

sen

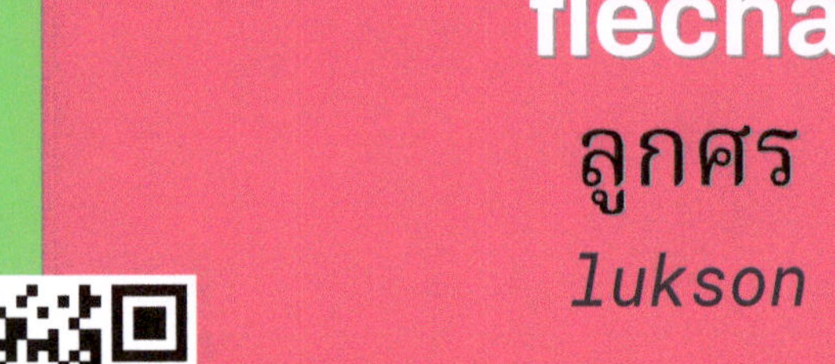

flecha
ลูกศร

lukson

puntos
จุด

chut

zigzag

ซิกแซก

siksaek

curva

เส้นโค้ง

senkhong

espiral

เกลียว

kliao

dibujar

วาด

wat

pintar

ระบาย

rabai

contar

นับ

nap

escribir

เขียน

khian

pequeño

เล็ก

lek

grande

ใหญ่

yai

ratón

หนู

nu

elefante

ช้าง

chang

corto

สั้น

san

largo

ยาว

yao

gusano

หนอน

non

serpiente

งู

ngu

delgado

บาง

bang

grueso

หนา

na

vacío

ว่างเปล่า

wangplao

lleno

เต็ม

tem

1
2
3